AUX

OUVRIERS

TYPOGRAPHES.

DE LA NÉCESSITÉ

DE FONDER UNE ASSOCIATION

AYANT POUR BUT DE RENDRE LES OUVRIERS PROPRIÉTAIRES
DES INSTRUMENS DE TRAVAIL.

PARIS.

IMPRIMERIE DE L.-E. HERHAN,
RUE SAINT-DENIS, N. 380.

1833.

AUX OUVRIERS

TYPOGRAPHES.

Il y a tellement peu d'union entre nous tous, que beaucoup d'entre nous ignorent encore quels sont les hommes qui se donnèrent à eux-mêmes, de leur autorité privée, la mission d'envoyer des circulaires dans les ateliers. Beaucoup même ignorent le nombre et la rédaction différente de ces circulaires.

Ceux à qui la pensée en vint les premiers ont usé d'un droit que nous possédons tous ; ils ont fait leur devoir, honneur leur en soit rendu. Mais tous se sont-ils renfermés dans les justes limites de ce droit et de ce devoir? Nous n'hésitons pas à dire qu'à l'exception d'une seule de ces circulaires, la première en date, les autres sont l'expression individuelle de leurs auteurs, et par conséquent outrepassent le droit que ces hommes avaient de faire un appel à la classe tout entière.

La première de ces circulaires était conçue en termes généraux : on y invitait *imprimeurs et compositeurs* à se réunir, à l'effet de trouver les moyens de remédier aux souffrances de tous, de la classe entière.

Des deux autres, l'une s'adressait uniquement aux compositeurs, et l'on donnait pour but de la réunion le rétablissement sur l'ancien pied des prix de composition ; l'autre, enfin, invitait directement les imprimeurs à se joindre à leurs confrères les compositeurs.

Voilà ce qui précéda notre réunion de dimanche passé, voilà les causes qui la provoquèrent, qui lui donnèrent naissance.

Tous ceux qui s'y trouvèrent étaient donc venus sur la foi de lettres diverses : les uns pensant qu'il ne devait s'y agir que des prix de composition, et croyant inutile, sinon nuisible, toute coopération à cet égard de la part des imprimeurs; les autres s'imaginant qu'on allait y agiter une question générale tendant à trouver un remède efficace aux maux de la classe entière. Comment donc pouvait-il y avoir un accord unanime? comment pouvions-nous être plus nombreux? comment enfin pouvions-nous faire plus que nous n'avons fait, et le faire plus régulièrement?

Nous avons tous senti ce qu'il y avait d'insolite en notre réunion : c'est pourquoi nous nous sommes hâtés de nommer tant bien que mal une commission provisoire, dont les attributions sont bornées à la rédaction et à l'envoi régulier d'une circulaire.

Cette circulaire nouvelle, la seule qui puisse avoir un caractère authentique, s'adresse également aux imprimeurs et aux compositeurs. Elle ne donne à la réunion prochaine aucun but individuel; il ne doit pas s'y agir d'un tarif du prix de composition, pas plus qu'on ne peut vouloir y discuter le tarif des prix d'impression. Les compositeurs, s'ils y sont plus nombreux, n'ont pas le droit pour cela de tourner la discussion générale des intérêts de la classe entière à leur profit uniquement; les imprimeurs ne l'ont pas non plus.

Que chacun de nous s'imprègne de ces idées, qu'il sache que l'appel est fait à *tous*, pour aviser en commun aux meilleurs moyens de remédier aux souffrances de *tous*. Ce n'est qu'à cette condition que la réunion de dimanche prochain pourra être calme et fructueuse, qu'elle pourra revêtir un caractère digne de nous et de notre cause, et que l'égoïsme étroit de chacun sera étouffé sous l'intérêt général.

Voici comment je conçois que nous devrons procéder :

Charger l'un d'entre nous de faire un rapport, où seront énumérées avec ordre toutes les misères de la classe entière, où seront indiquées les causes de ces misères.

C'est une enquête véritable, une enquête nécessaire pour éclairer chacun de nous, pour nous mettre à même de comprendre la question, et nous donner de plus grandes facilités pour la résoudre.

En Angleterre, le parlement nomme une commission pour des enquêtes semblables; cette commission fait son rapport, ce rapport est imprimé et distribué à tous les membres, et quand vient le jour de la discussion, les esprits se trouvent suffisamment éclairés.

Il y a nécessité urgente que nous suivions cette marche.

Puis, connaissant suffisamment la nature des sources de nos maux; sachant bien, par exemple, que la diminution du salaire en général ne vient point des maîtres directement, pas plus qu'elle ne vient directement des ouvriers, que les maîtres et les ouvriers sont dominés à cet égard par la société et par les institutions du pays ; que par conséquent ni les maîtres ni les ouvriers ne peuvent augmenter ces salaires, sauf coalition, si les institutions sociales et la société ne s'y prêtent pas; connaissant, dis-je, tout cela, qu'une commission nouvelle soit nommée à l'effet de présenter un plan de moyens propres à nous affranchir, sans violence, sans coalition, de ces terribles conditions d'existence dans lesquelles nous nous trouvons jetés.

Que la discussion libre, mais réglée, soit ouverte sur l'enquête ; qu'elle le soit encore sur le plan présenté par la commission pour remédier à nos douleurs, qu'elle le soit toujours et partout : — c'est le moyen de nous connaître tous, de nous réunir, de ne plus vivre isolés les uns des autres ; c'est le moyen de ne pas être entraînés, par ignorance, n'étant pas instruits suffisamment, dans une route mauvaise et périlleuse.

Mais, avant cela, il faut que nos réunions aient un nom, qu'elles soient réglées, qu'il y ait une certaine solidarité entre tous ceux qui s'y trouvent. Et d'ailleurs il y a, il doit y avoir besoin de fournir à des dépenses indispensables, telles que les dépenses d'impression des rapports et procès-verbaux, des pièces qui peuvent jeter une lumière éclatante sur l'objet des discussions, etc.

Le nom qu'il nous faut prendre, sauf meilleur avis, est *Association typographique.*

Le but direct de notre prochaine assemblée doit donc être un but d'organisation, d'organisation intérieure. Nous devons dresser une liste des noms et des adresses de tous les ouvriers présens ; nous devons fixer le taux d'une collecte, pour subvenir à ces premiers frais ; nous devons nommer un caissier qui rendra compte des dépenses ; nous devons nommer des huissiers de l'assemblée, chargés de maintenir l'ordre et le calme au milieu de nous : nous devons, en un mot, nous organiser.

Il y a parmi nous des impatiens, de ces hommes qui voudraient marcher je ne sais où, où ils ne savent eux-mêmes. Leur ardeur les aveugle au point qu'ils ne comprennent pas le sens profond de ces mouvemens populaires. Il faut les retenir, car ils ne peuvent que compromettre notre cause ; il faut les retenir, car, en nous perdant, ils se perdent eux-mêmes les premiers. Ces hommes sont d'autant plus dangereux, qu'ils semblent marcher pas à pas, et que les questions qu'ils posent semblent plus simples, moins compliquées, plus faciles à résoudre. Ils agitent, sans y avoir réfléchi profondément, la question du salaire, et le premier résultat de leur parole inconsidérée est de fractionner en deux une classe qui ne peut être qu'une ; c'est de séparer les intérêts des compositeurs de ceux des imprimeurs.

Ils soulèvent cette question énorme des salaires, et la présentent sous un jour faux. A les entendre, l'ouvrier peut à son gré imposer à son maître le tarif qui lui plaît, et le maître peut également l'accepter, sans que pour l'un et l'autre la chose ait des suites fâcheuses. A ce compte, je ne vois pas pourquoi nous nous bornerions à demander un sou de plus par mille de lettres dans les ateliers où ce sou a été supprimé; pourquoi ne pas demander des prix tels, que le plus chétif ouvrier d'entre nous puisse gagner 8 ou 10 francs par jour; pourquoi pas davantage?

Mais il n'en est point ainsi : l'augmentation la plus légère influe sur la quantité d'ouvrage qui sert d'aliment à nos besoins; et, pour l'obtenir dans les termes qu'ils nous présentent, il faut non pas une association, mais une coalition, une coalition simple, telle qu'elle est prévue dans le Code (1).

Car ils veulent unanimité de la part de tous les ouvriers, et ils ignorent que nous sommes en nombre supérieur à la quantité d'ouvrage à faire; de telle façon qu'il faudrait que les prix soient doublés, pour que les ouvriers qui travaillent puissent donner à ceux qui ne ravaillent pas l'équivalent de leur propre journée à eux-mêmes.

(1) Art. 414 du Code. Toute coalition entre ceux qui font travailler des ouvriers, tendant à forcer injustement et abusivement l'abaissement des salaires, suivie d'une tentative ou d'un commencement d'exécution, sera punie d'un emprisonnement de six jours à un mois, et d'une amende de deux cents francs à trois mille francs.

Art. 415. Toute coalition de la part des ouvriers pour faire cesser en même temps de travailler, interdire le travail dans un atelier, empêcher de s'y rendre et d'y rester avant ou après de certaines heures, et en général pour suspendre, empêcher, enchérir les travaux, s'il y a eu tentative ou commencement d'exécution, sera punie d'un emprisonnement d'un mois au moins, et de trois mois au plus.

Les chefs ou moteurs seront punis d'un emprisonnement de deux ans à cinq ans.

Art. 416. Seront aussi punis de la peine portée par l'article précédent et d'après les mêmes distinctions, les ouvriers qui auront prononcé des amendes, des défenses, des interdictions, ou toutes proscriptions sous le nom de damnation, et sous quelque qualification que ce puisse être, soit contre les directeurs d'ateliers et entrepreneurs d'ouvrages, soit les uns contre les autres.

Dans le cas du présent article et dans celui du précédent, les chefs ou moteurs du délit pourront, après l'expiration de leur peine, être mis sous la surveillance de la haute police pendant deux ans au moins et cinq ans au plus.

Sans cette condition, il n'est pas possible de se coaliser. Que m'importe à moi que les prix soient à 12 sous, que le tarif posé par nous tous soit accepté, si je suis éternellement renvoyé des ateliers par les protes et les bourgeois qui connaîtront mon nom, si je suis condamné à rester sur les crochets de la société, si je suis condamné à me promener stérilement sur les places publiques, n'ayant en mon gousset que l'argent qui vient de tous et qui est insuffisant pour satisfaire à mes besoins, si je suis enfin condamné à m'expatrier pour secouer ce joug de l'association !

Et si, en dehors des ouvriers qui veulent se coaliser dans ce but, il en est qui veulent être libres et vivre individuellement, il faudrait donc les contraindre par la violence, ou se résoudre à voir nos efforts impuissans, notre tarif rejeté !

Dès-lors nous marchons à pleines voiles dans la voie dangereuse de la coalition la plus tyrannique et la plus brutale.

Quand, il y a huit jours, je reçus une lettre de convocation pour la réunion qui a eu lieu dimanche dernier, comme cette lettre était celle qui ne s'adressait qu'aux compositeurs, et par conséquent n'assignait d'autre but à la réunion que le vote d'un tarif des prix de composition, je fus étonné, et je sentis tout ce qu'il y avait de mesquin et de dangereux dans la voie qu'elle nous ouvrait. Mon intention était de lire publiquement, au lieu désigné pour nous réunir, quelques pages, dans lesquelles j'exposerais ma façon de penser à cet égard. Je voulais essayer de changer le but proposé, en éclairant mes confrères sur son danger, et en leur montrant la seule route qu'il y ait à suivre pour arriver à un but plus général, qui comprît en son sein les compositeurs et les imprimeurs, but sacré et saint, but d'affranchissement et de bien-être.

Je n'ai point lu ces pages, parce que notre nombre était trop peu considérable. Je vis d'ailleurs qu'il n'y avait point unité de but, que les uns étaient venus effectivement dans la seule intention d'un tarif, que les autres ne s'y trouvaient que parce qu'ils espéraient qu'on y agiterait des questions générales sur les maux de tous. En un mot, je reconnus que la séparation des imprimeurs et des compositeurs, et le projet d'un tarif pour ces derniers seulement, étaient des choses purement individuelles, qu'elles n'avaient point même été l'objet d'une discussion sérieuse dans aucun atelier. Je parlai donc sur la nécessité de ne rien conclure, de ne nommer qu'une commission provisoire, dont les attributions ne pouvaient dépasser la rédaction et l'envoi d'une circulaire pure et simple; et c'est ce qui fut adopté.

Je crois devoir néanmoins reproduire ici ces pages telles qu'elles devaient être lues. Elles pourront peut-être servir à quelques uns, les éclairer sur la position où se trouve la classe entière, compositeurs et imprimeurs.

Messieurs,

Une circulaire a été distribuée dans les imprimeries. Elle porte que chaque atelier ait à nommer une commission de deux ou trois membres, qui devra se rendre, aujourd'hui dimanche, à dix heures du matin, en cette salle, à l'effet d'aviser aux moyens à employer pour rétablir le prix de nos travaux sur l'ancien pied.

Nous nous sommes rendus à cette invitation.

La question est grande, messieurs, elle est compliquée. Il ne s'agit point, comme le donnerait à penser la circulaire, d'une augmentation dans nos salaires tellement insignifiante, qu'elle dépende entièrement d'un caprice frivole de nos maîtres, d'un caprice prêt à céder au moindre effort de notre part. Cette augmentation, messieurs, soulève des questions d'un haut intérêt; elle touche à l'organisation de l'industrie; elle touche à l'émancipation des ouvriers; elle porte en elle l'association et la coopération plus ou moins active de chacun de nous dans les affaires publiques.

Et déjà, messieurs, cette salle nous vit réunis tous ensemble; tous ensemble nous discutâmes ici sur la question des machines.

Alors les souffrances de tous, plus encore que les souffrances individuelles de chacun, nous avaient rassemblés. Imprimeurs et compositeurs, nous étions tous confondus pour chercher un remède à des souffrances qui tombent principalement sur les imprimeurs.

Il n'y eut point d'accord; il ne pouvait y en avoir.

La question n'était point encore mûre; l'immense majorité l'envisageait d'une telle manière qu'elle était insoluble. Il y avait impossibilité que des conclusions qui blessaient à la fois la liberté, la justice et la civilisation pussent jamais donner lieu à une association véritable et forte. Notre classe, la classe des compositeurs et des imprimeurs, est un grain de poussière, comparée à la totalité des autres classes de la société. Toutes les fois donc que, pour remédier à ses maux, elle n'aboutira qu'à des conclusions égoïstes, soyez sûrs qu'en dépit de ses propres efforts, elle ne pourra les mettre à exécution. Or les solutions de cette époque, que je rappelle en ce moment à votre mémoire, bien que profondément justes dans l'intention et par les correctifs que l'on proposait d'y apporter, étaient égoïstes.

Aujourd'hui il ne s'agit que des intérêts des compositeurs ; les imprimeurs sont éliminés.

En apparence, la question est simple : les prix de composition ont été diminués dans le plus grand nombre des imprimeries ; nous voulons les faire remonter aux taux d'où ils sont partis ; nous ne voulons pas que dans telle imprimerie notre sueur nous soit moins féconde que dans telle autre.

Craignons, messieurs, de tomber ici dans la faute que je vous rappelais tout-à-l'heure !

Non-seulement la question qui nous rassemble nous isole des autres classes ouvrières, mais encore elle nous sépare des compagnons de nos travaux, elle nous sépare des imprimeurs.

Or, songez-y bien, messieurs, notre cause est leur cause ; elle est la cause de toutes les classes ouvrières, de celles mêmes dont les travaux semblent le plus éloignés des nôtres. Les ouvriers, quelle que soit leur profession, ont un sort égal au nôtre. Ils sont tous, dans les mains de leurs maîtres, des instrumens de fortune ; ils sont tous soumis aux chances diverses de la concurrence ; tous ils ont une existence misérable, un salaire précaire et insuffisant.

Mais je veux, avec vous, isoler un moment notre cause de la leur ; je veux prendre, au sein de nos propres douleurs, une seule de ces douleurs, et je vais examiner la question de nos salaires, à nous compositeurs.

Pour remédier efficacement à des effets funestes, il faut remonter à leur source.

Or, quelles sont les causes de la diminution qu'ont éprouvée nos prix ?

Ces causes sont nombreuses ; elles sont en nous ; elles sont dans les maîtres ; elles sont en dehors et des maîtres et de nous.

Je vais successivement analyser ces différentes causes.

Nous n'avons point, comme avant la révolution, de chambre syndicale ni de corporation. Nous sommes libres les uns des autres, aucun lien ne nous unit. Si l'un de nous se trouve dans une position triste et accidentelle, nous ne nous croyons point obligés de l'aider en aucune façon, et les collectes sont tellement tombées en discrédit, qu'elles ont disparu comme une aumône flétrissante.

Les maîtres sont entre eux dans des rapports semblables. Souvent une faible somme serait nécessaire à l'un d'eux pour l'empêcher de faire faillite, pour qu'il pût continuer à occuper les ouvriers de ses ateliers. Bien loin de venir à son secours, dès que sa position, seulement gênée, est connue de ses confrères, ils redoublent leur concurrence, ils font fuir de lui tout crédit ; ils le forcent à vendre, et cet homme rentre le plus souvent en notre sein; pour soutenir sa vie, pour élever sa famille, il se fait ouvrier; d'autres fois il ajoute sa propre ruine à la ruine de sa fortune.

Les rapports réciproques qui nous unissent aux maîtres sont en tout de la même nature. Nous ne venons en aucun cas (comment, hélas! pourrions-nous le faire?) au secours de la fortune périclitante d'un de nos maîtres. Aucun d'eux ne se croit obligé de s'inquiéter en aucune façon de nos douleurs. Si l'un de nous se blesse en travaillant, nous nous étonnons d'apprendre que le maître au service duquel cet ouvrier s'est blessé lui a donné des secours et des soins temporaires, et nous applaudissons!

N'appelons pas liberté cette manière de vivre, commune aux ouvriers et aux maitres; ne profanons pas ainsi ce mot. Ce n'est pas liberté, c'est isolement, isolement complet. La nature humaine la mieux organisée s'y détériore; la solitude absolue corrompt l'homme; elle aigrit toutes les passions généreuses, et les change en poison.

L'égoïsme le plus étroit est devenu la passion de tous. Il règne chez nos maitres; il règne au sein de nous. Nous sommes jaloux les uns des autres, nous sommes ennemis. Dans l'intérieur de nos ateliers, la lettre vient-elle à manquer, nous nous disputons, nous nous haïssons; nous avons recours à la tromperie, à la ruse, et pourtant nous avons tous également besoin de travailler. Une mise en page est un objet d'envie; on postule, on se heurte, on se livre à des pratiques dégradantes pour l'obtenir : souvent celui qui la mérite ne l'obtient pas, elle est donnée au moins capable et au moins droit. Les journaux ont leur *Bande noire.*

Et comment en serait-il autrement? il n'y a pas de liens, vous dis-je, qui nous unissent, pas de liens qui me fasse souffrir quand mon voisin souffre. Bien plus, ce n'est qu'à la condition qu'il sera misérable que, moi, je jouirai d'une position plus heureuse!

Notre classe n'existe pas : il n'y a que des compositeurs, des individus. Nous entrons l'un après l'autre ou tous ensemble dans nos ateliers, et nous ne savons point d'où vient chacun de nous, s'il est ouvrier, s'il ne l'est pas, ce qu'il peut faire. Inégaux en talens, une fois la porte de l'atelier passée, nous devenons égaux, nous avons les mêmes ambitions, nous avons les mêmes droits : au plus intrigant, au plus rusé, rarement au plus habile, est la réussite.

Bien mal serait venu celui qui, élevant la voix, reprocherait à son voisin son incapacité patente. — Qui te dit que je suis moins capable que toi? ton livret : il n'y en a plus; et le livret n'est pas un signe de capacité! Ton ancienneté? les jeunes gens valent mieux que beaucoup des anciens. Est-ce toi qui es chargé de me nourrir, de nourrir ma famille? Laisse-moi donc chercher, comme je l'entendrai, mes moyens d'existence : je ne t'empêche point de faire à cet égard ce que tu veux. Fais valoir tes mérites comme tu l'entends ; laisse-moi libre aussi dans ma conduite : tu sais mieux tes affaires que moi ; je sais mieux les miennes que toi.

Que répondre? rien. Il n'y a rien à répondre : la classe n'existe pas ; il n'y a que des individus.

L'abaissement des salaires tient à cet état de choses.

Le père de famille se hâte de faire apprendre l'état à ses enfans ; les conditions d'apprentissage sont avantageuses, le plus souvent il n'y en a pas.

Dès lors le nombre des ouvriers est trop considérable.

L'ouvrier qui ne travaille pas n'en a pas moins besoin de manger et de se vêtir ; il n'y a pas lieu pour lui de comparer la diminution d'un sou par mille de lettres avec l'état de dénuement absolu où il se trouve. Il acceptera donc la diminution : il aimera mieux gagner huit ou dix sous de moins par jour que de ne rien gagner du tout ; d'ailleurs, les maîtres les prennent isolément.

Les maîtres n'encouragent point cette augmentation d'ouvriers, ils n'en ont pas besoin (car les apprentis sont tous fils de la classe ouvrière, et le sort de nos enfans est d'apprendre un état) ; mais les maîtres en profitent. Ils en profitent tant que nos enfans sont leurs apprentis, et, quand ces apprentis sont ouvriers, ils en profitent encore, et prennent occasion de notre nombre pour abaisser notre salaire.

Et pourtant le salaire est notre patrimoine, notre propriété; et le fait de la propriété est de ne point dépendre de qui que ce soit au monde, de ne dépendre que du possesseur. D'où vient donc que les lois qui règlent le salaire sont des lois qui constatent sa diminution progressive? D'où vient que cette propriété n'est point reconnue? D'où vient qu'elle n'est point protégée contre les empiétemens forcés, devenus nécessaires, de la classe des maîtres? Priver d'ouvrage un ouvrier, n'est-ce pas comme si l'on expropriait un propriétaire?

Cela vient, messieurs, de l'état d'isolement dans lequel nous vivons.

Non-seulement on diminue les salaires, mais le génie humain, par les découvertes, par les inventions, par les machines, vient encore nous enlever une partie de notre travail.

Et ici, messieurs, j'ai besoin de toute votre attention, afin que vous ne vous mépreniez pas sur le sens de mes paroles.

Je ne viens pas constater stérilement la puissance et l'utilité de toutes ces machines, dont les inventeurs sont sortis, pour la plupart.

de notre sein, du sein du peuple. Je veux vous montrer la plaie to ... nue, afin que vous en aperceviez le remède.

Les machines , dans tous les états, enlèvent une partie du travail, cela est incontestable : les mécaniques privent d'ouvrage nos compagnons les imprimeurs ; les clichés et les stéréotypes réduisent d'une quantité notable notre travail.

Or, les machines ont leur raison d'existence, vous ne pouvez le nier. Nous acceptons le droit de propriété, seulement nous voulons l'étendre jusqu'à notre salaire. Nous acceptons la liberté et l'indépendance des riches, seulement nous voulons encore étendre cette liberté et cette indépendance jusque sur la vie de chacun de nous. Nous comprenons bien que cela est vraiment utile, qui est utile au plus grand nombre, et nous acceptons volontiers ce principe que la minorité doit céder à la majorité.

Or, s'il en est ainsi, de quel droit oserons-nous parler contre les machines ? Les mécaniques, les stéréotypes et les clichés sont au profit du plus grand nombre, au détriment du plus petit. Notre classe seule en souffre ; les autres classes sont inondées de ces entreprises qui demandent 10,000 abonnés et au-delà pour faire leurs frais, entreprises qui répandent au sein du peuple l'instruction et les lumières.

Nous qui acceptons le droit de propriété, comment oserons-nous dire à un maître : Vous avez de l'argent, vous êtes libre d'en disposer comme bon vous semblera ; cependant nous vous défendons d'avoir des mécaniques, nous vous défendons d'entreprendre des spéculations qui n'aboutiraient qu'à la faillite, parce que ces mécaniques et cette faillite nous sont nuisibles.

Comment oserons-nous dire à l'inventeur, pauvre ouvrier que son génie inspire et souvent sa misère : Tu as fais une découverte, elle t'appartient, elle est à toi, tu l'as achetée par de nombreuses veilles et de douloureuses privations ; eh bien, tu es libre d'en faire ce que tu voudras, seulement nous te défendons de la vendre, nous te défendons de t'en servir ? travaille comme nous avec tes bras, meurs pauvre, toi qui possèdes un trésor.

L'ouvrier a le droit de vous dire : Cela est profondément injuste, je ne suis plus votre égal, je suis votre esclave.

Le maître a le droit de vous dire : Cela est injuste, je ne peux plus soutenir la concurrence des pays étrangers ; je suis obligé de garder mon argent et de fermer mon atelier, je suis presque forcé de m'expatrier.

L'immense majorité du peuple, tout ce qui n'est ni imprimeur ni compositeur a le droit de vous dire également : Cela est profondément injuste, vous me privez de mes livres, vous bornez mon instruction.

Toute coalition est donc impossible, car elle serait profondément injuste, profondément immorale. Les imprimeurs ne peuvent donc en aucune façon refuser de tirer des clichés et des stéréotypes ; nous, compositeurs, nous ne pouvons pas non plus refuser de composer pour les mécaniques.

Si nous devions en être réduits à ce moyen, il faudrait désespérer de nous, il faudrait nier la justice, il faudrait nier Dieu.

Mais telle n'est point notre position, messieurs.

Notre salut est en nous, en nous seulement. Une volonté ferme, une grande persévérance dans nos desseins habilement tracés, et nous vaincrons toutes ces sources de misères et de douleurs.

Les tailleurs nous ont donné l'exemple ; ils ont compris toute l'inutilité d'une stérile coalition ; ils ont senti l'importance de la question du salaire qu'ils avaient agitée entre eux, et ils l'ont résolue comme elle devait l'être : *ils se sont associés.* Ils ont fondé un vaste atelier, et ils entrent hardiment en concurrence, à leurs risques et périls, avec leurs anciens maîtres. En un mot, ils se sont affranchis.

C'est là le but vers lequel doivent tendre tous nos efforts.

Songez donc que la question n'est pas dans l'augmentation du salaire, arrachée, imposée par la violence à nos maîtres ; augmentation que nous perdrons sans doute quand nos maîtres sentiront en leurs mains une occasion propice. Songez donc qu'elle n'est pas même dans l'existence des machines ou dans la création intempestive d'apprentis.

La question est une question de propriété, d'affranchissement.

Les mécaniques, les clichés, les stéréotypes, la formation d'apprentis ne nous sont nuisibles que *parce que tout cela est propriété des maîtres*, parce que tout cela s'interpose entre eux et nous.

Notre industrie n'est pas à nous, nous n'avons aucun droit à ses résultats : on nous remplace par des instrumens inertes, ou l'on abuse de notre nombre.

Faisons donc en sorte que *notre industrie soit à nous*, que nous seuls puissions en disposer selon notre bon vouloir.

Ainsi que les classes qui nous ont précédés dans la voie d'affranchissement et de bien-être, formons une vaste association.

Que cette association ait pour but, quant à présent :

1° De régler les prix du salaire avec les maîtres ;

2° De régler le mode d'apprentissage et le nombre des apprentis ;

3° De fournir de l'ouvrage, autant que la chose sera possible, aux membres de ladite association ;

4° De donner des secours à tout ouvrier, faisant partie de l'association, qui se trouverait sans ouvrage, par suite de causes en dehors de sa volonté, telles que refus de sa part de travailler à des prix au-dessous du cours, impossibilité reconnue, bien constatée, de ne pouvoir être occupé, etc.

5° De s'occuper du sort des ouvriers qui se trouveraient en ce dernier cas, c'est-à-dire qui, n'ayant point d'ouvrage, se trouveraient à la charge de la communauté.

6° De donner des secours à tout ouvrier malade.

7° D'aviser aux meilleurs moyens de faire fructifier le fonds de la société.

Voilà, messieurs, l'association qu'il nous faut fonder. Par elle, il nous sera facile de remédier aux maux qui nous affligent, il nous sera facile de reconquérir sans violence notre rang dans la société et notre liberté. Sans elle, la question reste insoluble; ou plutôt nous sommes condamnés à périr. Nos efforts de coalition et de destruction seront toujours comprimés. Le peuple en dehors de nous ne peut pas vouloir abdiquer les bienfait qui résulte pour lui de la diminution de notre salaire et de l'emploi des mécaniques.

Suivons donc cette voie, elle est la seule qui nous soit ouverte et qui ne soit pas stérile.

Aucune loi en France ne nous défend de nous associer. Tous les journaux sont d'accord sur ce point; et, comme moi, vous devez être convaincus et de l'opportunité de la chose et de son efficacité.

Ce n'est point là, dites-vous, ce qui nous embarrasse; nous sommes tous persuadés qu'il faut s'associer, si nous voulons faire quelque chose de durable et d'efficace; mais le difficile est de former cette association. Dès qu'il s'en agit, les avis sont partagés, il n'y a point accord, et l'on se sépare sans avoir rien conclu.

Voilà ce qui est arrivé, messieurs, et voilà ce qui devait arriver; car toujours on a voulu fonder l'association sur des bases qui n'en comportaient point. Tous nous sommes convaincus des funestes résultats des machines, mais tous nous comprenons différemment les moyens d'y remédier. Que les imprimeurs viennent donc nous demander aide et protection pour briser ces machines, et attenter ainsi aux droits imprescriptibles de la propriété et de la liberté, nous, compositeurs, nous reculerons devant cette dangereuse et brutale association. Que nous aillions, au contraire, demander aide et protection aux imprimeurs contre les clichés et les stéréotypes, l'inverse a lieu; ceux-ci voudront nous imposer des conditions que nous ne pourrons accepter.

Et même au sujet de l'augmentation des salaires qui est la cause de notre réunion, il n'y aura pas moyen de s'associer, si le but de cette association se résout par une coalition. Tous ceux qui parmi nous ne souffrent en aucune manière de la diminution qu'ont éprouvée nos prix dans certains ateliers, et qui prévoient que de long-temps ils n'auront pas à en souffrir, ne voudront pas se compromettre près de leurs maîtres; ils ne voudront pas s'associer.

Mais si nous donnons à l'association le but que j'ai exposé tout à l'heure, il n'est pas parmi nous et parmi les absens, il n'est pas un ouvrier qui ne veuille être membre d'une association pareille. Nous sommes dans notre droit, nous ne blessons aucune loi de l'état, et nos maitres eux-mêmes ne peuvent qu'applaudir à nos efforts.

Ce n'est point l'argent qui nous manquera pour une telle œuvre, et je vais terminer par des chiffres qui vous convaincront de la puissance de nos ressources pour nous affranchir des dures conditions de notre sort.

Nous sommes à Paris au nombre de 4 à 5,000; que chacun de nous donne 1 fr. par semaine, et, en évaluant sur 5,000, nous aurons 5,000 f. par semaine, par mois de 20 à 25,000 f., par an 260,000 f.

Concevez-vous avec quelle facilité nous pouvons nous créer des capitaux énormes! Que si nous multiplions cette somme par le chiffre de dix années, nous aurons 2,600,000 fr., sans tenir aucun compte des intérêts, en supposant que nous ayons enfoui stérilement dans la terre les sommes diverses recueillies mensuellement pendant ce laps de temps.

Si donc, depuis dix ans, nous avions été associés de cette façon, aujourd'hui les 5,000 ouvriers qui composent notre classe auraient à leur disposition la somme énorme de *plus de trois millions*.

Aujourd'hui, nous pourrions créer sur le sol de la France, au sein de la capitale, une imprimerie, que nous exploiterions nous-mêmes; nous pourrions entrer dans la voie de la concurrence avec nos maîtres, ou plutôt, devant notre imprimerie colossale, toutes les leurs crouleraient (1).

Voilà ce que nous devons faire.

Nommons donc, dès aujourd'hui, une commission de quinze membres chargés de nous présenter, dans une prochaine assemblée, les statuts de l'Association. Voilà ce que nous pouvons faire en ce moment, nous ne pouvons pas davantage.

Jules LEROUX.

(1) Le gouvernement n'a-t-il pas une Imprimerie royale organisée, où imprimeurs, compositeurs, correcteurs, protes, travaillent suivant des tarifs réguliers, où tout, jusqu'aux ouvrages de ville, est réglé par des tarifs? Pourquoi les ouvriers n'auraient-ils pas à eux un établissement ainsi ordonné? Ne sont-ce pas des ouvriers qui ont organisé l'Imprimerie royale?

www.ingramcontent.com/pod-product-compliance
Lightning Source LLC
LaVergne TN
LVHW010331230826
846091LV00009B/3814

* 9 7 8 2 0 1 9 2 8 6 7 4 3 *